westermann

Willkommensheft
Deutsch als Zweitsprache
mit Themen rund um die Schule

Erarbeitet von

Svenja Neumann-Fidansoy

Illustriert von

Antje Hagemann, Gaby Jungkeit, Franziska Kalch

Auf Grundlage von

Karibu Arbeitsheft Deutsch als Zweitsprache (2016)

Inhaltsverzeichnis

Was diese Zeichen bedeuten:

✏	Schreiben	👄	Erzählen
✗✏	Ankreuzen	👁	Lesen
○✏	Einkreisen	👂	Hören
＿✏	Verbinden		

So kannst du die QR-Codes verwenden:

Hier kannst du die Hörtexte lesen.

 das Mädchen

 der Junge

 die Frau

Willkommen

Vor der Schule

1  Erzähle.

die Schule

Guten Tag!

die Lehrerin ● der Lehrer

Guten Mogen!

der Mann

das Mädchen

der Junge

die Frau

der Roller

Klasse 3A

BLUM

Schulalltagsrituale auffassen, sich begrüßen und verabschieden

2 👂 Höre. 👆 Zeige.

Hallo!

Guten Morgen!

Guten Tag!

Tschüss!

● die Uhr

● die Straße

Hallo!

● der Bus

Tschüss!

● das Fahrrad

● das Auto

Artikel
● die
● das
● der

Schulalltagsrituale auffassen, sich begrüßen und verabschieden
Artikel kennenlernen

Deutschland

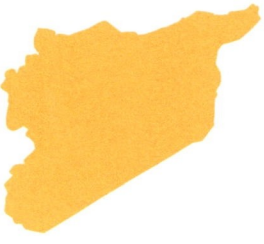

S

Mein Land:

Meine erste Stunde

1 🎧 Höre. ☝ Zeige.

> Guten Morgen! Ich bin Sina.
> Ich komme aus Deutschland.
> Wer bist du?

2 ✏️ Male. ✏️ Schreibe.

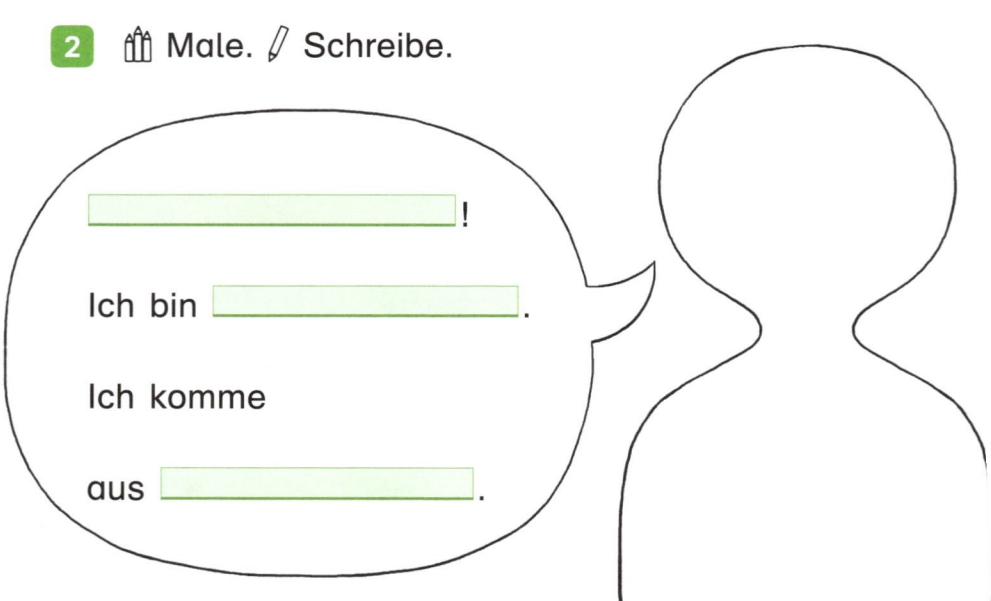

_____!

Ich bin _____.

Ich komme

aus _____.

Sich bekannt machen, etwas voneinander erfahren
Länder kennenlernen und etwas über die Herkunft anderer Kinder erfahren

Wer bist du?

Woher kommst du?

Ich bin ...

Du bist ...

Er ist ...

Er kommt aus ...

Sie ist ...

Sie kommt aus ...

Hallo! Ich bin Katerina.
Ich komme aus der Ukraine.

Hallo! Ich bin Ali.
Ich komme aus Syrien.
Wie heißt du?

3 👄 Erzähle.
🎲 Spielt.

1 ✎ Verbinde.

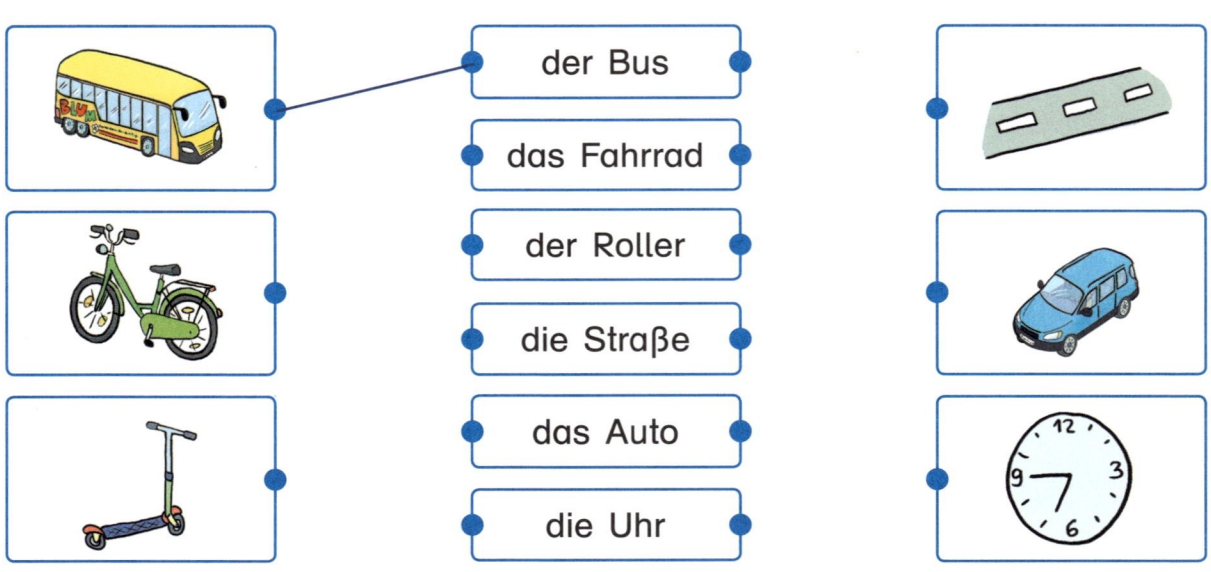

der Bus

das Fahrrad

der Roller

die Straße

das Auto

die Uhr

2 ✎ Schreibe.

der J u n g e

die _ _ _ _ _

_ _ _ M _ _ _ _ _ _ _

der _ _ _ _ _

_____

_____

Übung und Wiederholung

3 🕮 Höre. ✏ Schreibe.

Guten Morgen! Ich bin <u>S i n a</u>.

Ich komme aus _____.

Wer bist du?

Hallo! _____ _____ Ali.

Ich _____ aus Syrien.

Woher _____ du?

_____! _____ _____ Katerina.

_____ _____ _____ der Ukraine.

_____ _____ ___?

4 ✏ Verbinde.

Wer bist du?	Er ist Ali.
Woher kommst du?	Ich bin Sina.
Wer ist sie?	Sie kommt aus der Ukraine.
Woher kommt er?	Er kommt aus Syrien.
Woher kommt sie?	Sie ist Katerina.
Wer ist er?	Ich komme aus Deutschland.

Wie war es? ✏ Kreuze an.

 ☐ Gut    ☐ Sehr gut    ☐ Perfekt

In der Schule

Mein Klassenzimmer

 **1** Erzähle.

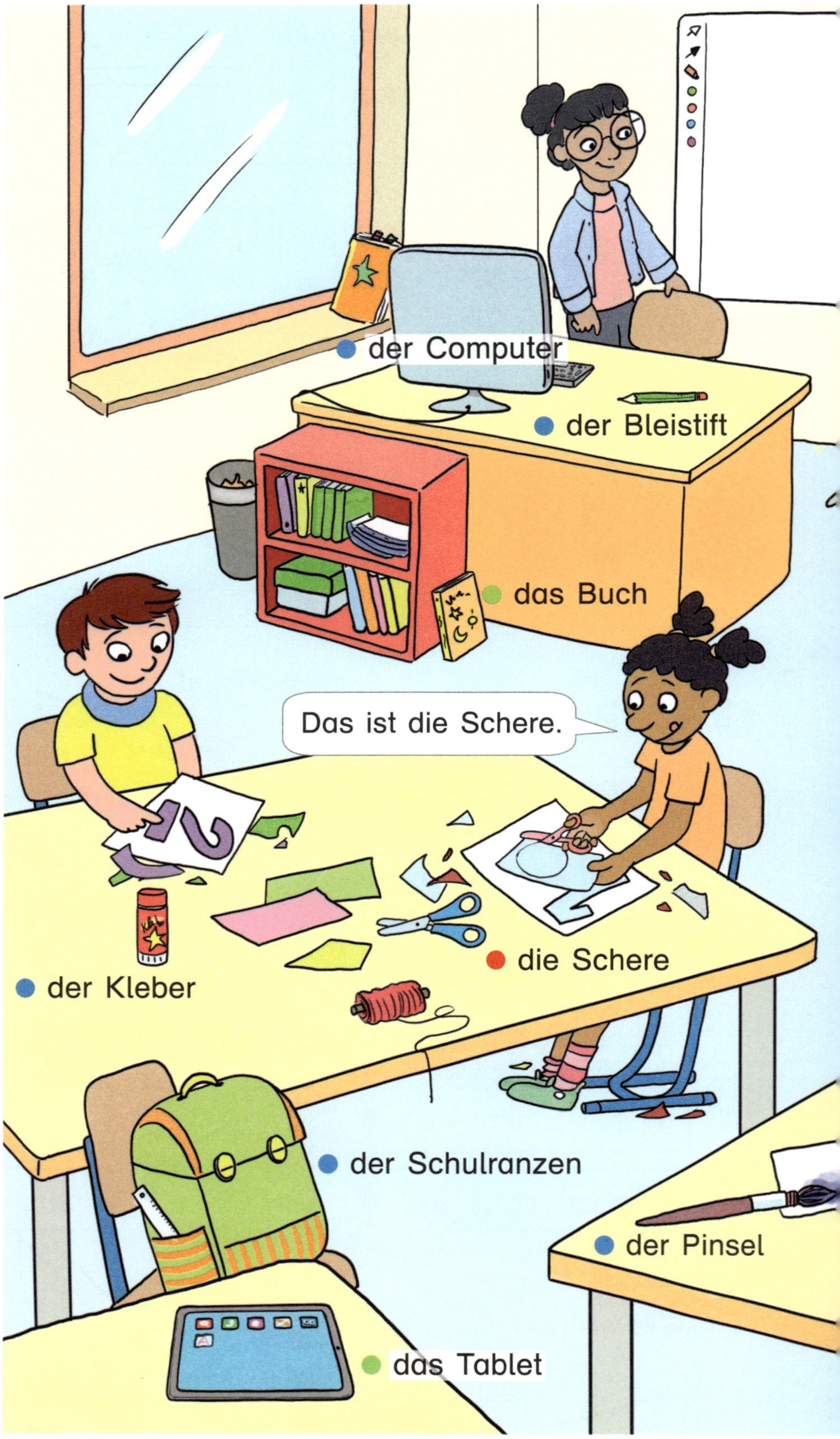

das Buch

der

 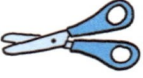

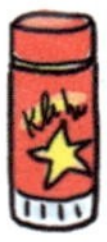

der Computer

der Bleistift

das Buch

Das ist die Schere.

der Kleber

die Schere

der Schulranzen

der Pinsel

das Tablet

2 👂 Höre. ☝ Zeige.

Das ist die ...

Das ist das ...

Das ist der ...

● **die Uhr**

die Tafel

Das ist das Heft.

● das Heft

● der Radiergummi

● der Anspitzer

● die Federmappe

Das ist das Blatt.

● das Wasser

● das Blatt

● der Tuschkasten

● der Buntstift

Personen und Räume in der Schule kennenlernen
über Arbeitsmittel sprechen, optische Merkhilfen benutzen (Artikelfarben)

Die Farben

Welche Farbe ist das?

  **1** 👄 Erzähle. ✏️ Male.

Das ist

rot

b

2 👂 Höre. ✏️ Male.

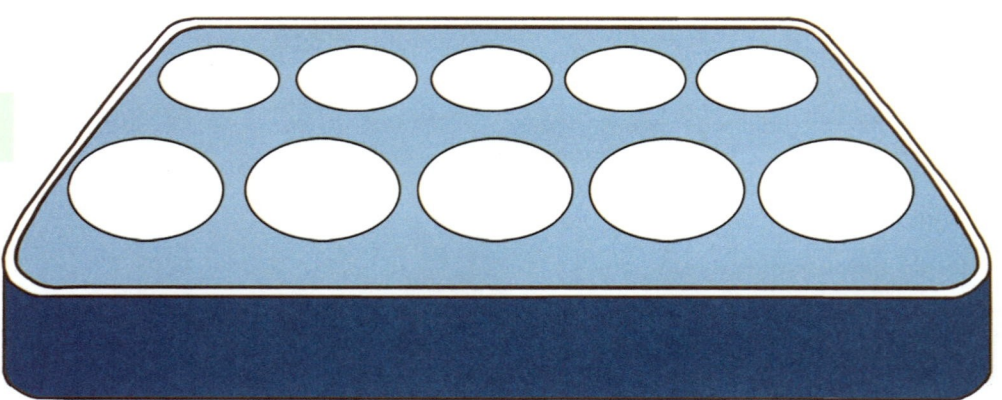

sich mit Arbeits- und Spielformen vertraut machen
Farben benennen und nach ihnen Fragen können

3  Höre. Male.

> Das Wasser ist blau.

> Der Pinsel ist rot.

> Der Anspitzer ist schwarz.

4 Spielt.

> Der Schulranzen ist pink.

5  Lies. Male.

Artikel

Das ist die Schere.	◯ die Schere
Das ist das Buch.	◯ das Buch
Das ist der Bleistift.	◯ der Bleistift

sich mit Arbeits- und Spielformen vertraut machen
Farben benennen und nach ihnen Fragen können

Montag

Montag

Dienstag

D

Mittwoch

Donnerstag

Freitag

Samstag

Sonntag

Die Wochentage

1 👄 Erzähle.

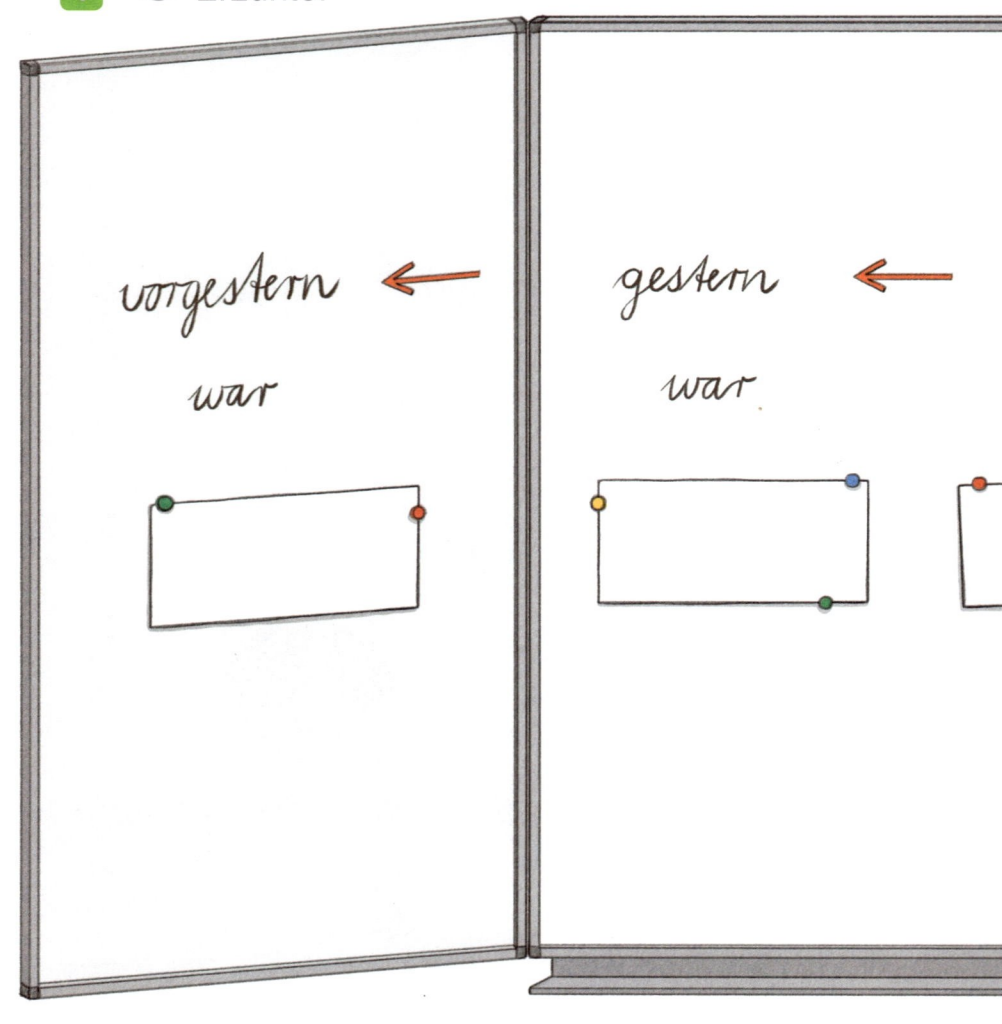

vorgestern ←

war

gestern ←

war

2 👂 Höre. ✋ Zeige.

Deutsch

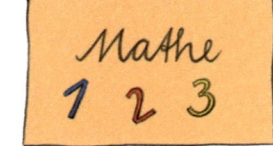

Mathe 1 2 3

Englisch

Musik

Kunst

Sachunterricht

Sport

Wochentage kennenlernen
Wochentage benennen; temporale Adverben kennenlernen und im Satzkontext mit Wochentagen benennen

Heute ist ...

Morgen ist ...

Übermorgen ist ...

Gestern war ...

Vorgestern war ...

Wann ist ...?

?

... ist am ...

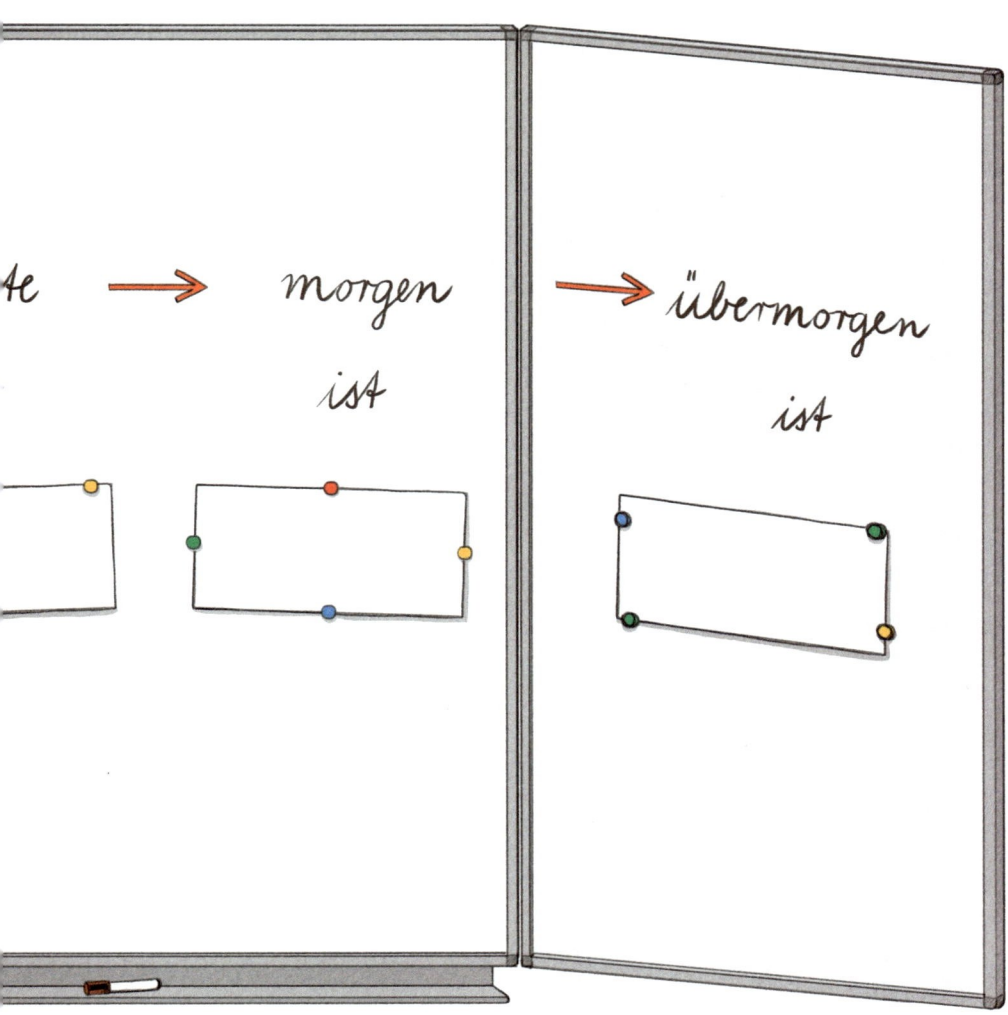

3 🖍 Male. ✏ Schreibe.

sich im Studenplan orientieren
über den Stundenplan sprechen
den eigenen Stundenplan verschriften

fünfzehn 15

malen

Ich kann …/Ich kann nicht …

1 👄 Erzähle.

Ich kann singen.

malen

lesen

rechnen

tanzen

singen

turnen

Gitarre spielen

Fußball spielen

Tätigkeiten in der Schule und in der Freizeit kennenlernen
Modalverb können kennenlernen

2 👂 Höre. ✏️ Kreuze an.

	Kari	Bu
rechnen		
lesen		
Fußball spielen		
Flöte spielen		
turnen		
malen		
tanzen		

Was kannst du?

Kannst du … ?

Ja, ich kann …

Nein, ich kann nicht …

basteln
kleben
schneiden

3 🎲 Spielt.

Ich kann tanzen.

Ich kann rechnen.

Tätigkeiten in der Schule und in der Freitzeit kennenlernen
über eigene Fertigkeiten und Fähigkeiten sprechen
erste Verben spielerisch üben

siebzehn **17**

Das kann ich jetzt

1 ✏ Verbinde.

	der Bleistift	
	der Anspitzer	
	das Buch	
	der Radiergummi	
	der Schulranzen	
	die Schere	

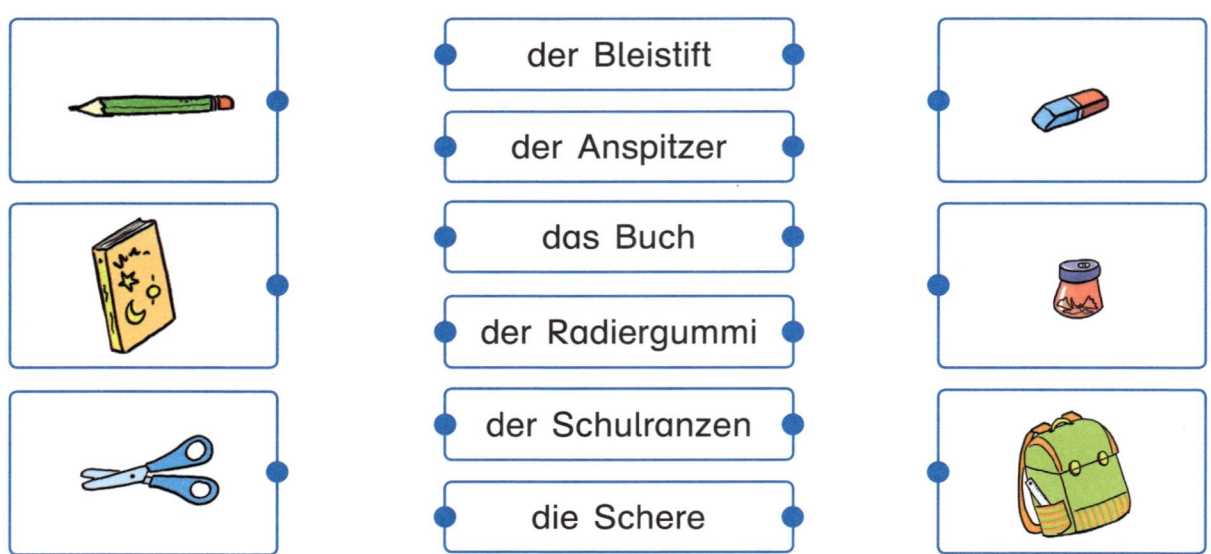

2 ✏ Schreibe.

Das Buch ist g ____ .

der Buntstift ist g ____ .

Der K _____ ist r ___ .

Das Wasser ist b ____ .

D ___ P _____ ist b _____ .

D ___ _____ ____ ____ .

3 ✐ Schreibe.

Ich kann ☺	Ich kann nicht ☹

4 ✐ Schreibe.

Wann ist M __ __ __ __ ?

__ __ ▭ __ __ __ M a __ __ __ __ .

Wann ist D __ __ __ __ __ __ ?

Am ▭ ist D __ __ __ __ __ __ __ .

Wann i __ __ Sachunterricht?

Am ▭ __ __ __ Sachunterricht.

W __ __ __ ist Kunst?

Am ▭ i __ __ Kunst.

Wie war es? ✂✐ Kreuze an.

 ☐ Gut    ☐ Sehr gut    ☐ Perfekt

Übung und Wiederholung

○

○

○

○

○

○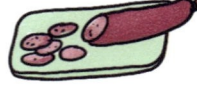

○

○

In der Frühstückspause

Mein Frühstück

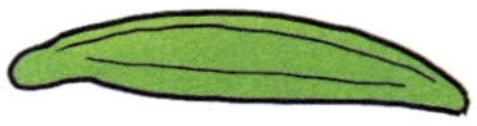

1 👄 Erzähle.

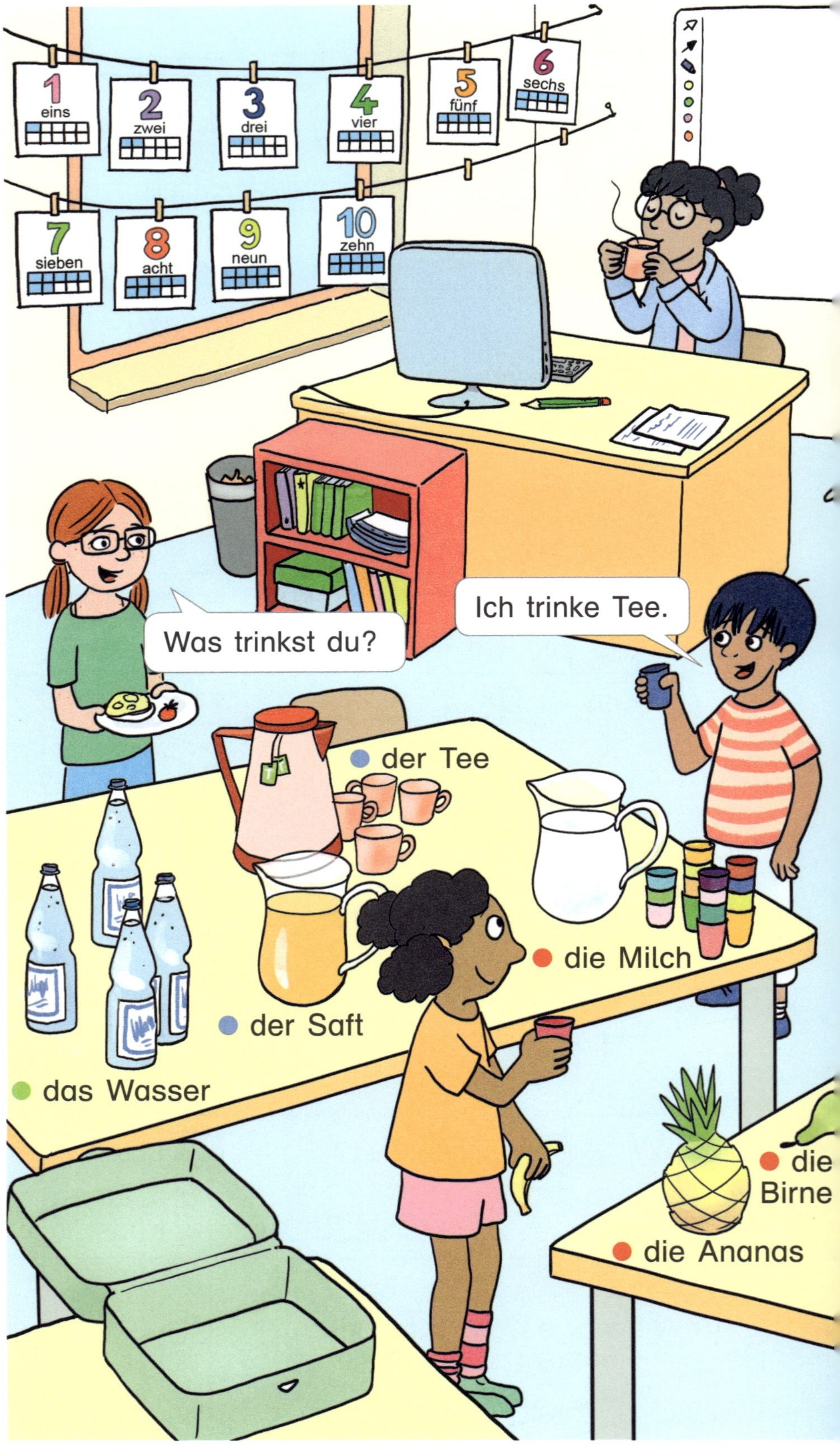

Was trinkst du?

Ich trinke Tee.

● der Tee

● der Saft

● die Milch

● das Wasser

● die Birne

● die Ananas

Speisen und Getränke kennenlernen

2 👂 Höre. 👆 Zeige.

Was isst du?

Ich esse …

Was trinkst du?

Ich trinke …

● **das Brötchen**

11 elf

12 zwölf

Das ist lecker!

der Käse

das Brot

die Wurst

Was isst du?

Ich esse die Banane.

die Gurke   die Melone

die Traube

die Karotte   die Pflaume

die Paprika

die Tomate

die Banane   der Apfel

die Orange

Was magst du?

Ich mag …

Was magst du nicht?

Ich mag … nicht.

Das mag ich …

1 👂 Höre. ✋ Zeige.

Was magst du, Bu?

Ich mag die Banane.

2 ✏️ Kreuze an.

	Ja	Nein
Bu mag die Banane.		
Kari mag nicht die Ananas.		
Kari mag die Pflaume.		
Bu mag nicht den Käse und die Melone.		
Kari mag auch nicht den Käse		
Kari mag nicht die Orange.		

Wir lernen **den** Akkusativ.

Akkustativ

Der Artikel verändert sich manchmal im Satz.

- 🔴 die ➡ 🔴 die
- 🟢 das ➡ 🟢 das
- 🔵 der ➡ 🔵 den

Da ist **der Käse**. Kari, magst du **den Käse**?

Nein, ich mag **den Käse** nicht.

Speisen und Getränke kennenlernen
Zuneigung und Abneigung ausdrücken, über Vorlieben sprechen
Akkusativ im Artikel kennenlernen

22 zweiundzwanzig

Akkusativ

3 ✎ Kreuze an.

Kari mag ◯ die Wurst nicht.
◯ der Wurst nicht.

Sie mag ◯ der Käse.
◯ den Käse.

Bu mag ◯ das Brot.
◯ die Brot.

Er mag ◯ den Tee nicht.
◯ der Tee nicht.

Du magst ◯ die Wasser.
◯ das Wasser.

Was magst du?

Ich mag _____

Wo ist …?

Da ist …

Achte auf die Artikel!

● **die Zitrone**

4 🎲 Spielt.

Was magst du?
Wo ist die Ananas?

Ich mag die Ananas.
Da ist die Ananas.

Speisen und Getränke kennenlernen
Zuneigung und Abneigung ausdrücken, über Vorlieben sprechen
Akkusativ im Artikel kennenlernen

dreiundzwanzig **23**

1	
eins	
2	
3	
4	
5	
6	
7	
8	
9	
10	

Wie alt bist du?

1 👄 Erzähle.

2 ✏️ Male. ✏️ Schreibe.

Ich bin

Zahlen von 1-12 kennenlernen
Geburstag feiern, Wünsche äußern, wichtige Zahlen austauschen (Alter)

11

12

Wie alt bist du?

Ich bin …

Herzlichen …

Wie alt ist …?

… ist

7	8	9
sieben	acht	neun
Finn Helena	Nesrin Katerina Shi	Tamika Simon

10	11	12
zehn	elf	zwölf
Maria	Samir Pedro	Sina

4 ✎ Schreibe.

Wie alt ist Pedro? Pedro ist __ Jahre alt.

Wie alt __ __ __ Tamika? Sie ist __ Jahre alt.

W__ __ alt ist Helena?

Helena __ __ __ __ Jahre __ __ __ .

Wie __ __ __ __ __ __ __ Sina?

Sie __ __ __ __ J __ __ __ __ __ alt.

_____ Maria?

_____ .

_____ ?

_____ .

● die Kerze

Das kann ich jetzt

1 ✏ Verbinde.

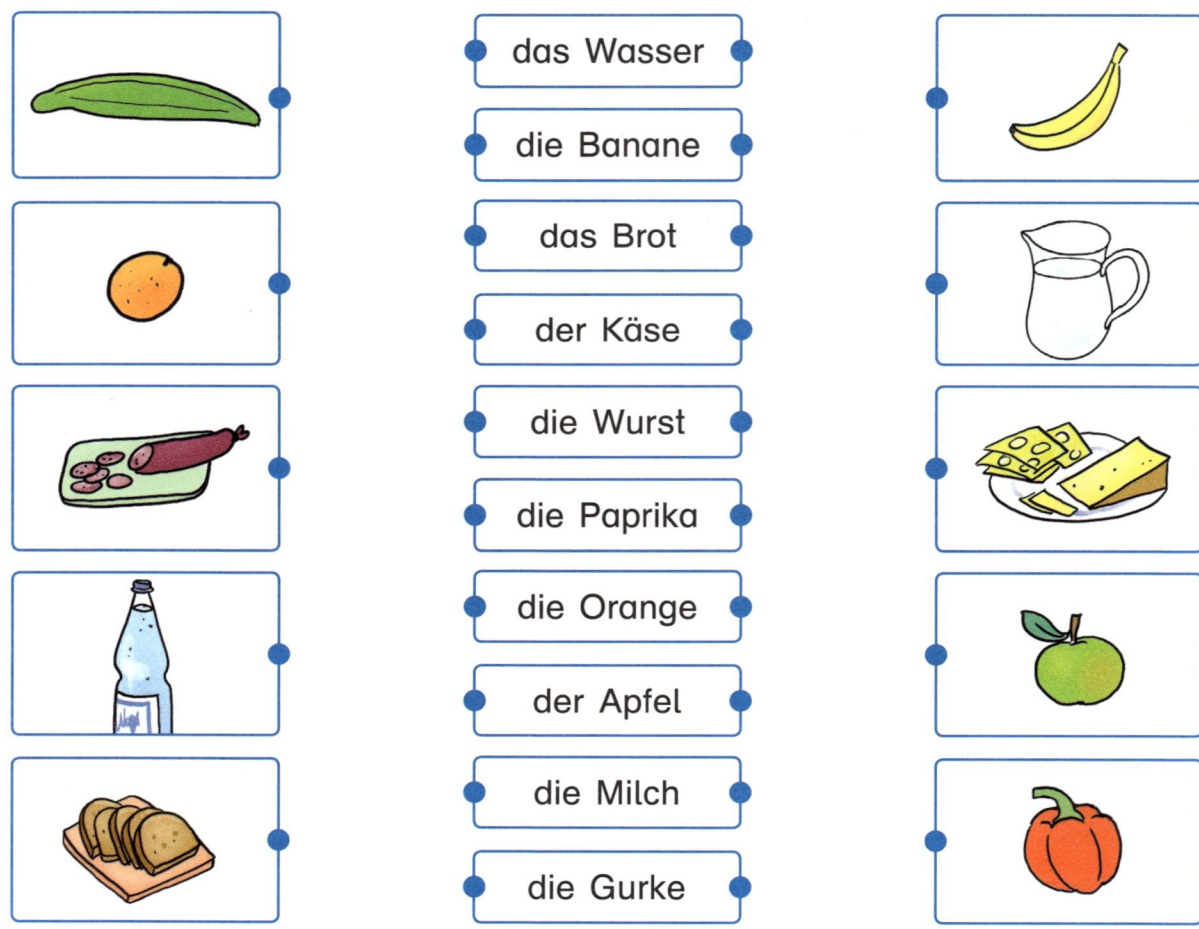

	das Wasser	
	die Banane	
	das Brot	
	der Käse	
	die Wurst	
	die Paprika	
	die Orange	
	der Apfel	
	die Milch	
	die Gurke	

2 👂 Höre. 🖍 Male.

3 ✏ Schreibe.

> Ich mag Ananas.   Das ist lecker.
> Herzlichen Glückwunsch.   Ich esse den Apfel.

_____   _____

_____   _____

4 ✏ Schreibe.

Ich mag d __ __ Milch.   Du magst __ __ __ Brot nicht.

Er mag __ __ __ Ananas nicht.   Kari mag __ __ __ Käse nicht.

Sie mag __ __ __ Apfel.   Bu mag __ __ __ Wasser.

5 ✏ Schreibe.

Wie alt bist du? _____

Was magst du? _____

Was magst du nicht? _____

Welche Farbe ist das? _____

Was ist das? _____

Wie war es? ✏ Kreuze an.

☐ Gut   ☐ Sehr gut   ☐ Perfekt

In der großen Pause

Auf dem Pausenhof

1 👄 Erzähle.

● die Kletterwand

● das Tor

● der Ball

● die Tischtennis~~...~~

Sie ist traurig.

Komm, spiel mit!

Sie klettert.

Wir spielen Fußball.

Ich spiele mit Maria.

Sie ist fröhlich.

Bereiche der und Gegenstände in der Schule kennenlernen (Pausenhof)

2 👂 Höre. ☝ Zeige.

die Schaukel

Wir schaukeln.

Ich rutsche.

Er hat Spaß.

die Rutsche

die Bank

Das macht Spaß.

der Müll

Ich bin wütend.

Wir spielen fangen.

Wir springen Seil.

das Seil

Ich spiele mit Simon.

Ich spiele mit …

Wir spielen mit …

Wer spielt mit … ?

Darf ich … ?

Komm, … !

Ich bin …

Du bist …

Er/sie ist …

Das macht …

Er hat …

Bereiche der und Gegenstände in der Schule kennenlernen (Pausenhof)

Was wir machen

1 👂 Höre. ☝ Zeige.

sitzen

gehen

stehen

rennen

springen

schaukeln

klettern

rutschen

Verben

ich gehe:	geh~~en~~	geh + e	➡ ich geh**e**
du gehst:	geh~~en~~	geh + st	➡ du geh**st**
er/sie geht:	geh~~en~~	geh + t	➡ er/sie geh**t**
wir gehen:	geh~~en~~	geh + en	➡ wir geh**en**

Tätigkeiten in der Schule und Freizeit kennenlernen
für den Alltag relevante Verben kennenlernen
Formen des Verbs (Infintiv) kennenlernen

2 ✏ Schreibe.

sitzen	gehen
ich sitze	ich
du sitzt	du
er/sie/es	er/sie/es
wir	wir
stehen	rennen
schaukeln	springen
ich schaukle	

Was machst du?

Ich ...

Was macht ... ?

Er/sie ...

ich spiele

3 🎲 Spielt.

Du schaukelst.

Tätigkeiten in der Schule und Freizeit kennenlernen
für den Alltag relevante Verben kennenlernen
Formen des Verbs (Singular und 1. Person Plural) kennenlernen

einunddreißig **31**

Wo ist Bu?

1 Erzähle.

Bu ist über dem Tor.

Bu ist auf dem Tor.

Bu ist hinter dem Tor.

Bu ist neben dem Tor.

Bu ist in dem Tor.

Bu ist vor dem Tor.

Bu ist unter dem Tor.

2 Höre. Male. Schreibe.

 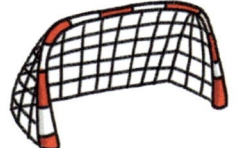 

lokale Präpositionen kennenlernen

3 👁 Lies. ✏️ Verbinde.

Wo ist …?

 | Das Buch ist auf dem Tisch. |

  ◯

 | Das Fahrrad ist hinter dem Mülleimer. |

  ◯

 | Die Flasche ist in dem Schulranzen. |

 ◯

 | Der Käse ist auf dem Brot. |

 ◯

 | Der Mülleimer ist neben der Bank. |

 | Die Schere ist vor der Federmappe. |

Dativ

Der Artikel verändert sich manchmal im Satz.

- 🔴 die ➡ 🔴 der
- 🟢 das ➡ 🟢 dem
- 🔵 der ➡ 🔵 dem

Der Tisch
Das Buch ist auf **dem Tisch**.

lokale Präpositionen im Satzkontext kennen
Artikel im Dativ kennenlernen

Das kann ich jetzt

1 🖊 Schreibe.

<u>Wir spielen ...</u>

_____

_____

_____

_____

_____

_____

_____

_____

2 👂 Höre. 🖊 Schreibe 1, 2, 3. ✏️ Male.

Übung und Wiederholung

3 ✎ Schreibe.

Maria spielt F_ _ _ _ _ _ _.

Sie ist _ _ _ _ _ _ _ _.

Sie spielen _ _ _ _ _ _ _.

_ _ _ _ _ _ _ _ _ _ _ _.

4 ✎ Verbinde. ✎ Schreibe.

Was machst du in der Pause? ●	● Bu ist auf d_ _ _ Rutsche.
Mit wem spielt Simon? ●	● Ich sammele Müll in d_ _ _ Pause.
Kletterst du? ●	● Ja, ich klettere auf d_ _ _ Klettergerüst.
Wo ist Bu? ●	● Er spielt mit Maria.
Wie fühlst du dich? ●	● Ich bin fröhlich.

Was machst du in der Pause?

Wie fühlst du dich? ☺

Wie war es? ✎ Kreuze an.

☐ Gut   ☐ Sehr gut   ☐ Perfekt

Übung und Wiederholung

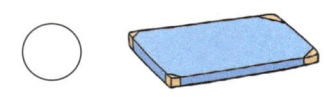

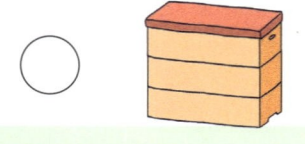

Wir machen Sport

1 👄 Erzähle.

● die Kletterwand

Super! Sie turnen.

● die große Matte

● das Sprungbrett

● der Kasten

Räume der und Gegenstände in der Schule kennenlernen (Sporthalle)
regelmäßige Verben in der ich-Form wiederholen
Einander Fragen zu Tätigkeiten stellen

2 🎧 Höre. 👆 Zeige.

Was machst du?

Was macht ihr?

Was machen sie?

turnen

rennen

balancieren

• der Ring

Wir balancieren.

Das macht Spaß.

Was macht ihr?

• die Bank

• die kleine Matte

• der Reifen

Wir rennen.

• der Reifen

Räume der und Gegenstände in der Schule kennenlernen (Sporthalle)
regelmäßige Verben in der ich-Form wiederholen
Einander Fragen zu Tätigkeiten stellen

siebenunddreißig **37**

Was wir machen

Verben

wir rennen:	**renn**~~en~~	renn + en ➡ wir renn**en**
ihr rennt:	**renn**~~en~~	renn + t ➡ ihr renn**t**
sie rennen:	**renn**~~en~~	renn + en ➡ sie renn**en**

1 ✏ Schreibe.

wir …

ihr …

sie …

rennen

ich renne	wir rennen
du rennst	ihr rennt
er/sie/es rennt	sie rennen

gehen

spielen

turnen

rutschen

Konjugation des Verbes im Singular wiederholen
Konjugation des Verbs im Plural kennenlernen

2 👂 Höre.

Was macht … gerne?

Was macht …
nicht gerne?

3 ✏️ Kreuze an.

	Ja	Nein
Sina und Hatice spielen gern fangen.		
Maria klettert gern.		
Sie rennt nicht gern.		
Ali schaukelt und rutscht gern.		
Maria und Helena spielen nicht gern Fußball.		

4 🎲 Spielt.

Was machst du gern?

Ich springe gern.

○

○

○

○

○

○

○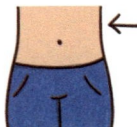

○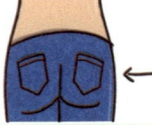

Der Körper

1 👄 Erzähle. 🎲 Spielt.

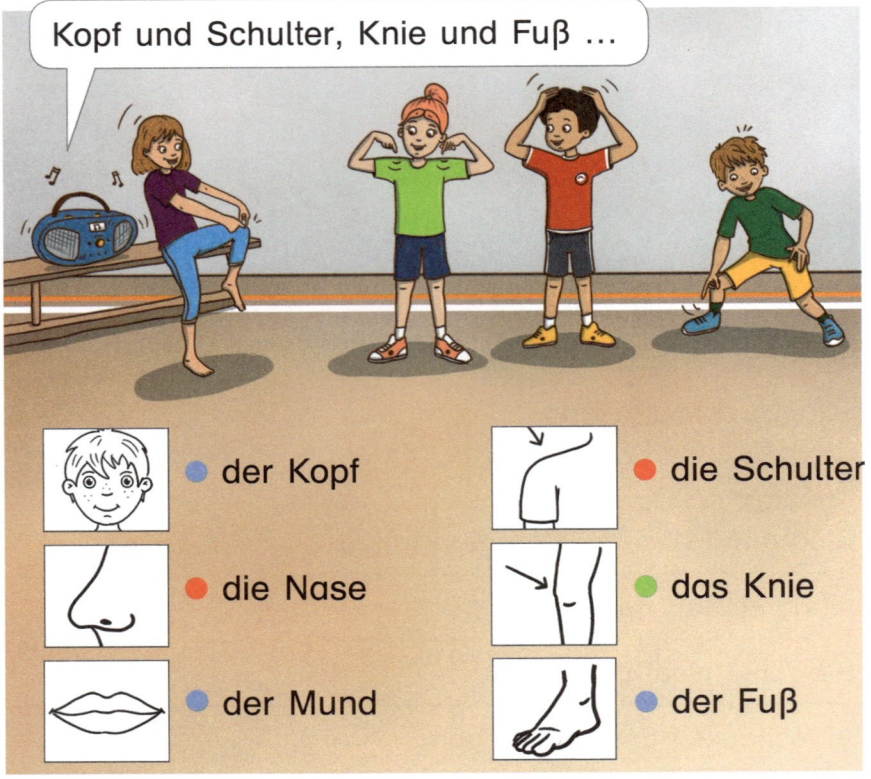

Kopf und Schulter, Knie und Fuß …

● der Kopf   ● die Schulter

● die Nase   ● das Knie

● der Mund   ● der Fuß

3 👂 Höre. 🖍 Male. ✏ Schreibe.

Körperteile kennenlernen

3 👄 Erzähle. 🎲 Spielt.

Und Augen, Ohren, Nase und Mund …

Plural

👂 das Ohr	➡ **die** Ohr**en** 👂 👂	
👁 das Auge	➡ **die** Aug**en** 👁 👁	
die Hand	➡ **die** Händ**e**	
das Bein	➡ **die** Bein**e**	
das Knie	➡ **die** Knie	
der Fuß	➡ **die** Füß**e**	

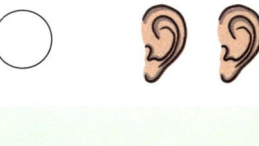

4 🎲 Spielt.

Simon sagt:
das Auge.

Simon sagt:
das Ohr.

Körperteile kennenlernen

Was ich anhabe

1 👄 Erzähle. 🖊 Höre. 🖍 Male.

der Schuh
der Gürtel
das Unterhemd
die Hose
die Jacke
die Unterhose
das Kleid
das T-Shirt

2 🎲 Spielt.

Das Kleid ist blau.
Die Hose ist pink.

Es ist Momo.

Momo

Micha

Cedric

Lara

Lola

Steffen

über Kleidung sprechen
erste Adjektive (Farben) wiederholen und nach ihnen Fragen

42

die Brille

die Socke

der Pullover

Wo ist ...?

Hier ist ...

Da ist ...

Welche Farbe hat ...?

Plural

Der Schuh ist rot.
→ **Die** Schuhe **sind** rot.

Die Socke ist gelb.
→ **Die** Socken **sind** gelb.

3    Spielt. Male.

Welche Farbe hat die Jacke?

Die Jacke ist rot.

über Kleidung sprechen
erste Adjektive (Farben) wiederholen und nach ihnen Fragen

1 👂 Höre. ✏ Schreibe.

Was macht Maria gern?

Sie __ __ __ __ __ __ __ __ gern.

Was macht Helena gern?

Was machen Sina und Hatice gern?

Was macht Ali gern?

Was machen Maria und Helena nicht gern?

Was machst du gern?

2 ✏ Verbinde. ✏ Schreibe.

das Ohr ●	● d___ B____
die Hand ●	● d___ S c h_____
das Knie ●	● d i e O h____
der Arm ●	● d___ H____
die Schulter ●	● d___ A___
das Auge ●	● d___ K____
das Bein ●	● d___ A u___

3 ✏ Schreibe.

Das Jacke ist orange. Die Hose ist grün und die
Schuhe sind braun.

Sie ist |_____|.

Das T-Shirt ist grün, die Hose ist gelb und die
Schuhe sind blau.

Er ist |_____|.

Das T-Shirt ist lila und die Hose ist gelb.

Sie ist |_____|.

D__ __ |_____|

|_____|.

Er ist

|_____|.

4 👐 Male. ✏ Schreibe.

Das bist du:

|_____|

|_____|.

Wie war es? ✏ Kreuze an.

⬜ Gut   ⬜ Sehr gut   ⬜ Perfekt

In der Mathestunde

Wir rechnen

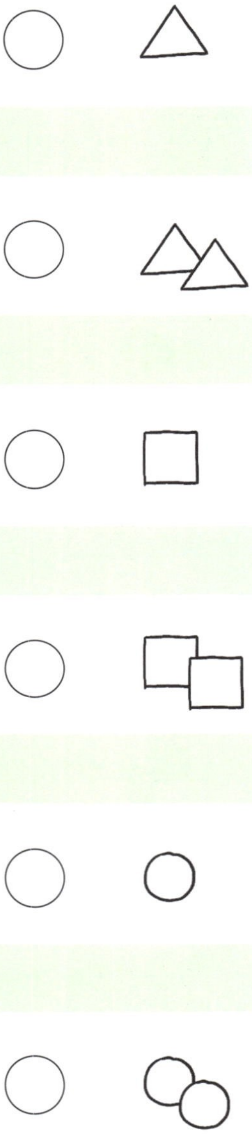

1 👄 Erzähle.

über Gegenstände im Unterricht sprechen (Mathematikunterricht)
mathematische Formen nach Farbe, Größe oder Form sortieren

2 👂 Höre. ✋ Zeige.

| 13 dreizehn | 14 vierzehn | 15 fünfzehn | 16 sechzehn |
| 17 siebzehn | 18 achtzehn | 19 neunzehn | 20 zwanzig |

2 > 1
2 < 3

Ali ist größer als Maria.
Pedro ist kleiner als Ali.

cm

Ich knete.

● die Kreise

Der Kreis ist rot.

Was machst du?

Ich …

Was ist das?

Das ist …

Pedro ist … als Ali.

Ali ist … als Maria.

● der Zirkel

über Gegenstände im Unterricht sprechen (Mathematikunterricht)
mathematische Formen nach Farbe, Größe oder Form sortieren

plus

minus

ist gleich

... plus ... ist gleich

... minus ... ist gleich

2 x 2 = 4
4 : 2 = 2

Wir üben

1 Höre.

3 + 2 = 5

3 - 2 = 1

2 Schreibe.

1 + [ ] = [ ]

eins plus [ ] = [ ]

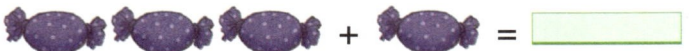 + [ ] = [ ]

[ ] + [ ] = [ ]

[ ] [ ] [ ] = [ ]

[ ] .

[ ] − [ ] = [ ]

[ ] − [ ] = [ ]

[ ] [ ] [ ] = [ ]

[ ] [ ] = [ ]

[ ] [ ] [ ] = [ ]

[ ] [ ] [ ] = [ ]

mit Formen und Zahlen rechnen
erste mathematische Zeichen kennenlernen

3 👂 Höre. 👁 Lies.

... ist größer als ...

... ist kleiner als ...

< 2 ist kleiner als 4.

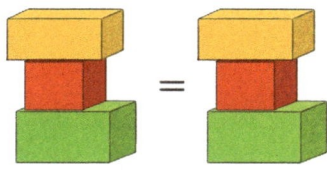

> 4 ist größer als 2.

... ist genauso groß wie ...

= Turm 1 ist genauso groß wie Turm 2.

4 ✏ Schreibe.

2 > 1 Zwei ist größer als eins.

1 < 2 Eins ist _____.

5 ☐ 3 _____.

4 = 4 _____.

7 < ☐ _____.

_____.

_____.

mit Formen und Zahlen rechnen
erste mathematische Zeichen kennenlernen

Die Zahlen

Nach … kommt …

13

dreizehn

14

15

16

17

18

19

20

1 👂 Höre. 👄 Erzähle.

Drei zehn

$$10 + 4 = \underline{14}$$
Vier zehn

$$10 + 5 = \underline{}$$

$$10 + 6 = \underline{}$$

$$10 + 7 = \underline{}$$

$$10 + 8 = \underline{}$$

$$10 + 9 = \underline{}$$

20
Zwanzig

2 ✏ Schreibe.

13 dreizehn   16 _____

_____

_____   _____

Zahlen (13-20) kennenlernen

Rechts und links, oben und unten

1 ✎ Schreibe.

oben

unten

links   rechts

Wohin fährt der Bus?   Der Bus fährt **nach** rechts.

Wohin fährt der Roller?

Er fährt _____.

Wohin fährt _____?

_____.

_____?

_____.

Wohin fliegt das Flugzeug?

_____.

Wohin geht der Mann?

_____.

Richtungsangaben und Fortbewegungsmittel kennenlernen

1 ✎ Verbinde.

△

>

größer als   ✛   Plus

Dreieck   →   Viereck

unten   □   kleiner als

links   <   rechts

↓

←

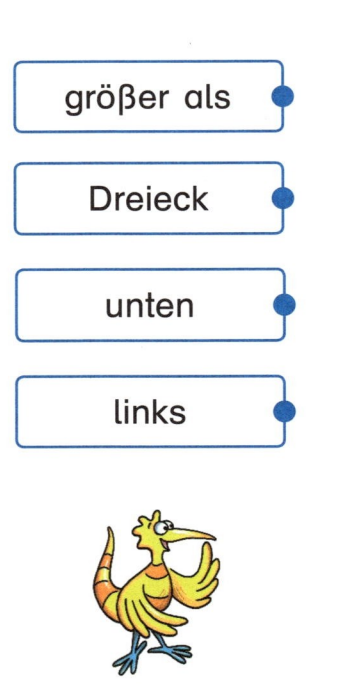
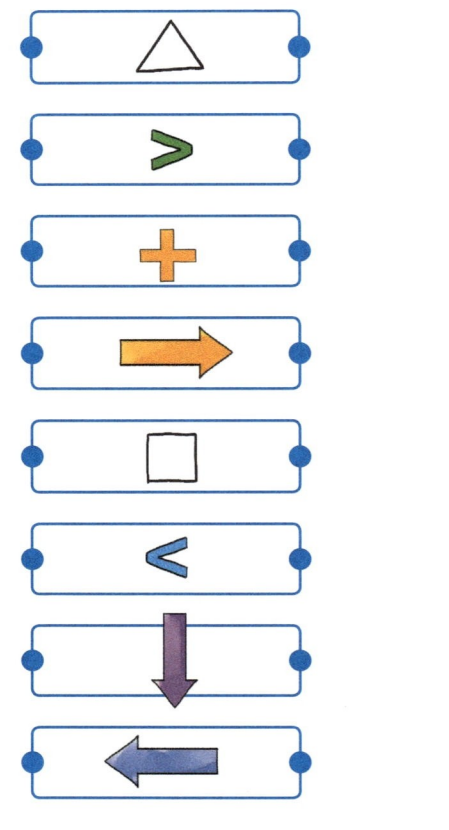
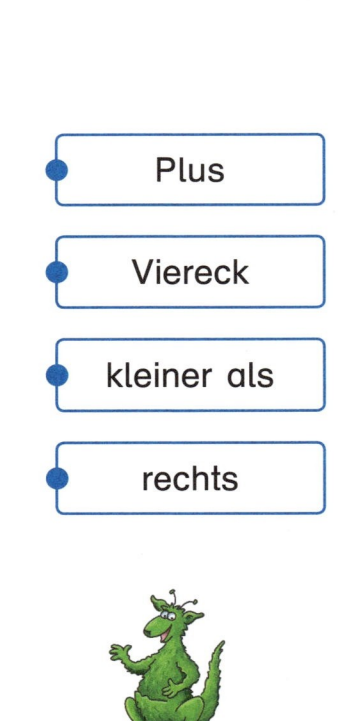

2 ✎ Schreibe.

✛ P _ _ _ _   △ D _ _ _ _ _ _

↓ u _ _ _ _ _   ←

−   >

○   □

=   →

<   ↑

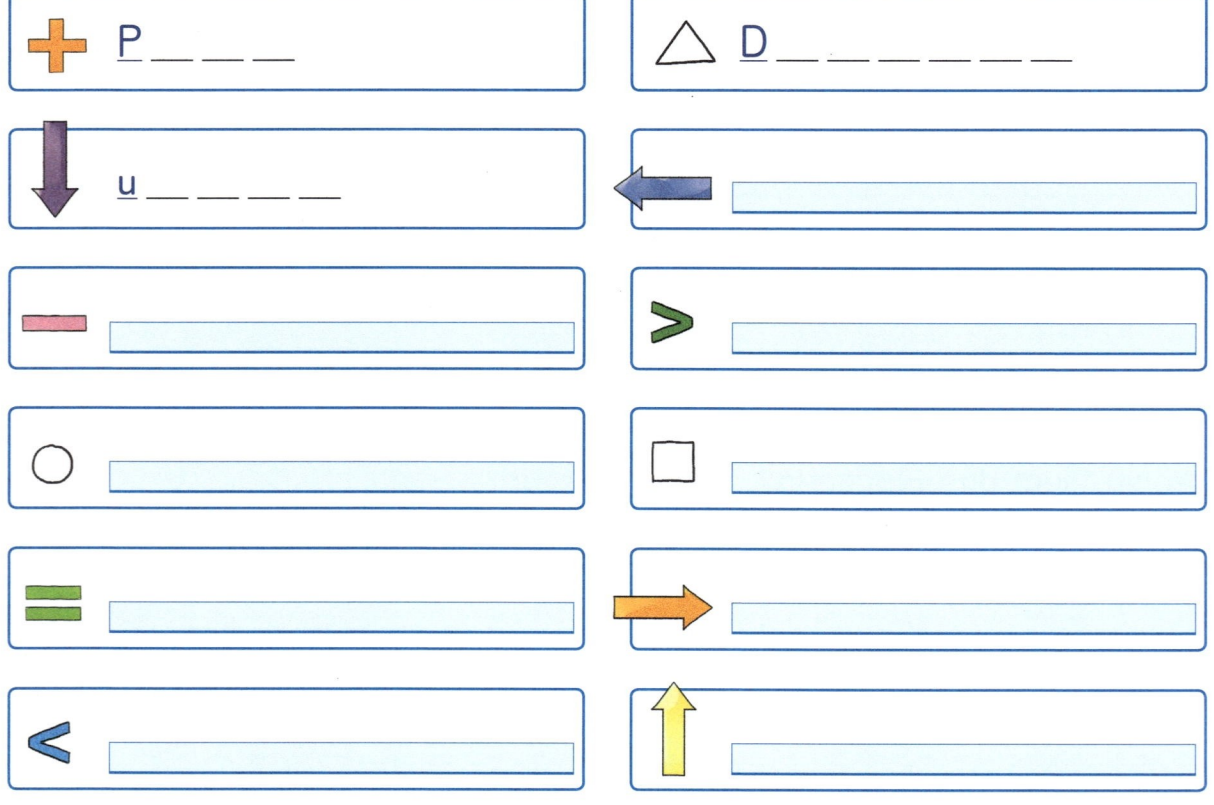

Übung und Wiederholung

3 👂 Höre. ✏️ Keuze an.

	Ja	Nein
1. Ali malt zwei Dreiecke.		
2. Das gelbe Dreieck ist größer als das gelbe Dreieck.		
3. Sina malt ein Viereck blau und eins weiß.		
4. Zwei plus vier ist gleich sieben.		
5. Ali kann gut rechnen.		
6. 6 - 2 = 4		
7. Sina malt nur fünf Vierecke.		

4 ✏️ Schreibe.

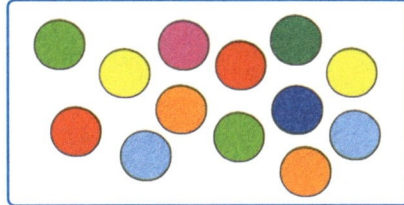

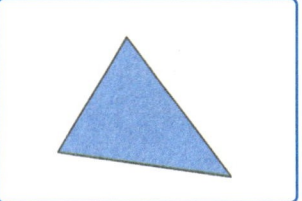

Das sind [_____] [_____] [_____]

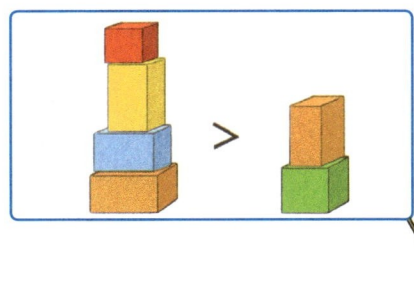

[_____]

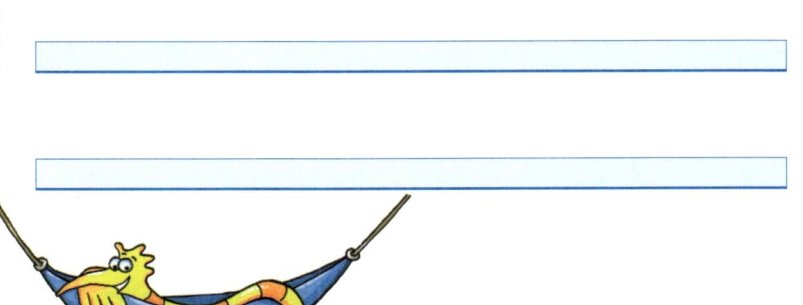

[_____]

Wie war es? ✏️ Kreuze an.

 ☐ Gut    ☐ Sehr gut    ☐ Perfekt

Im Alltag

Wir sind im Unterricht

1 👄 Erzähle.

1. Wir haben Respekt. 🤝
2. Wir sind ein Team. 👏
3. Wir melden uns. ☝️
4. Wir hören gut zu. 👂
5. Wir sind leise. 🤫
6. Wir sitzen am Platz. 🧑‍💼

Wie spät ist es?

Der große Zeiger zeigt die Minuten an.

Der kleine Zeiger zeigt die Stunden an.

● die Uhr

Uhrzeit und Klassenregeln kennenlernen

Wie viel Uhr ist es?

Es ist ...

Der große Zeiger ...

Der kleine Zeiger ...

1. Wie spät ist es?

2. Wann hast du Mathe?

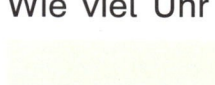

die Uhr

Uhrzeit Stunde Minute

die Zeiger der kleine Zeiger der große Zeiger

Wie viel Uhr ist es?

Es ist neun Uhr.

Uhrzeit und Klassenregeln kennenlernen

Die Uhrzeit

Es ist halb …

Es ist viertel vor …

Es ist viertel nach …

1 👄 Erzähle.

2 👂 Höre. ✏️ Schreibe.

Es ist _____ Uhr.

Es ist _____ .

Es _____ .

_____ .

_____ .

_____ .

_____ .

Uhrzeit kennenlernen

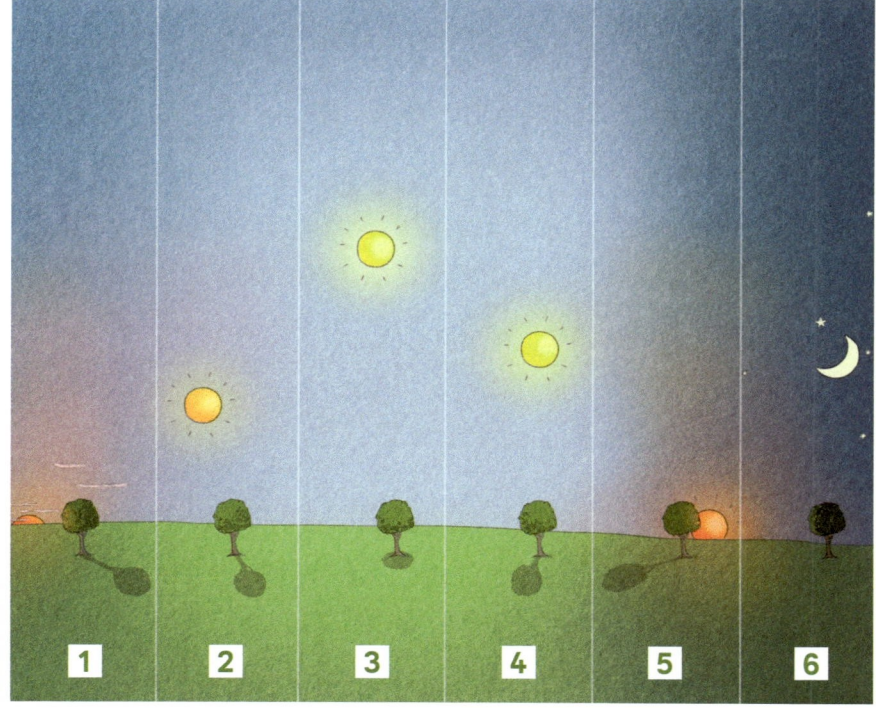

1	der Morgen
2	der Vormittag
3	der Mittag
4	der Nachmittag
5	der Abend
6	die Nacht

3 ✏ Schreibe.

Es ist 7.30 Uhr am Morgen.

Es ist _____ am _____.

Es ist _____.

Es _____.

_____.

_____.

_____.

● die Sonne
● der Mond

Uhrzeit und Tagesablauf kennenlernen

aufwachen

Im Alltag

1 👂 Höre. 👁 Lies.

Ich **wache** um sieben Uhr **auf**.

aufstehen

Ich **stehe** um viertel nach sieben **auf**.

Ich **packe** um halb acht das Buch **ein**.

einpacken

Ich frühstücke und gehe um acht Uhr in die Schule.

Ich gehe um halb vier nach Hause.

einkaufen

Ich **kaufe** um fünf Uhr **ein**.

Ich esse zu Abend und gehe um viertel vor acht ins Bett.

einschlafen

Ich **schlafe** um acht Uhr **ein**.

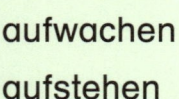

Trennbare Verben

aufwachen	auf|wachen	Ich wache **auf**.
aufstehen	auf|stehen	ich stehe **auf**.
einpacken	ein|packen	Ich packe das Buch **ein**.

trennbar Verben kennenlernen

2 🖊 Schreibe.

frühstücken

Sina wacht _____.

zu Abend essen

Ali _____.

ins Bett gehen

_____.

_____.

_____.

Und du?

3 🖊 Schreibe.

Um wie viel Uhr **wachst** du **auf**?

Ich **wache** um _____ Uhr **auf**.

Um wie viel Uhr **stehst** du **auf**?

Ich **stehe** _____ **auf**.

Um wie viel Uhr frühstückst du?

Ich frühstücke _____.

_____ isst du zu Abend?

Ich esse _____.

_____ gehst du ins Bett?

_____.

trennbare Verben im Satz anwenden

Das kann ich jetzt

1 ✏ Verbinde.

viertel nach acht

viertel vor zwei

halb fünf

neun Uhr

`3:15`

`6:45`

`9:00`

`10:30`

halb elf

viertel nach drei

viertel vor sieben

zwei Uhr

2 ✏ Schreibe.

Wie war es? ✂✏ Kreuze an.

 ☐ Gut    ☐ Sehr gut    ☐ Perfekt

Übung und Wiederholung

Meine Wörter und Sätze

Kapitel 1 – Willkommen

Hallo!	Wer bist du?
Guten Morgen!	Ich bin...
Guten Tag!	Du bist...
Tschüss	Woher kommst du?
● das Mädchen	Ich komme aus …
● die Frau	Du kommst aus …
● der Junge	Wer ist er?
● der Mann	Er ist …
● die Lehrerin	Woher kommt sie?
● der Lehrer	Sie kommt aus ...
● die Schule	

Kapitel 2 – In der Schule

● der Bleistift	Montag
● das Buch	Dienstag
● der Radiergummi	Mittwoch
● der Anspitzer	Donnerstag
● die Schere	Freitag
● der Kleber	Samstag
● der Schulranzen	Sonntag
● der Buntstift	Was ist das?
● der Tuschkasten	Das ist ...
● der Pinsel	rot
● das Wasser	gelb
● das Blatt	grün
● die Federmappe	blau
Heute ist...	schwarz
Gestern war ...	weiß
Vorgestern war ...	grau
Morgen ist ...	pink
Übermorgen ist ...	lesen
Wann ist ... ?	Fußball/Basketball/Gitarre spielen

Meine Wörter und Sätze

Kapitel 2 – In der Schule

rechnen	Ich kann …
tanzen	Ich kann nicht …
singen	Kannst du … ?
turnen	Ja, ich kann …
malen	Nein, ich kann nicht …

Kapitel 3   In der Frühstückpause

● die Banane	eins
● der Apfel	zwei
● das Brot	drei
● die Gurke	vier
● der Käse	fünf
● die Paprika	sechs
● die Milch	sieben
● die Wurst	acht
Was trinkst du?	neun
Ich trinke …	zehn
Was isst du?	elf
Ich esse …	zwölf
Was magst du?	Alles Gute zum Geburtstag!
Ich mag …	Danke!
Was magst du nicht?	Wie alt bist du?
Ich mag … nicht.	Ich bin … Jahre alt.
Wo ist … ?	Wie alt ist sie/er?
Da ist …	Sie/Er ist … Jahre alt.

Kapitel 4 In der großen Pause

● die Rutsche	rennen
● die Schaukel	springen
● das Seil	schaukeln
● der Ball	klettern
● das Tor	rutschen

Kapitel 4 In der großen Pause

● der Müll	spielen
Ich bin fröhlich.	über
Ich bin traurig.	auf
Ich bin wütend.	hinter
Wer spielt mit … ?	neben
Ich spiele mit …	in
Wir spielen mit …	vor
Darf ich … ?	unter
Komm, … !	● die Flasche
Das macht …	● der Tisch
sitzen	● der Mülleimer
gehen	● die Bank
stehen	

Kapitel 5 In der Sporthalle

● die Kletterwand	● der Kopf
● die kleine Matte	● das Ohr
● die große Matte	● der Mund
● der kleine Kasten	● die Nase
● der große Kasten	● die Schulter
	● der Arm
● der Ring	● die Hand
● die Bank	● das Bein
● der Reifen	● der Fuß
● das Sprungbrett	● der Bauch
Was machst du?	● der Po
Ich balanciere.	Ich habe zwei Ohren.
Was machst du gern?	● die Unterhose, das Unterhemd
Ich … gern.	● die Socke/die Socken
● der Pullover	● die Jacke
● die Hose	● der Schuh

Kapitel 6 In der Mathestunde

● das Dreieck	oben
● das Viereck	unten
● der Kreis	links
● das Lineal	rechts
dreizehn	Wohin fährt … ?
vierzehn	Er fährt nach …
fünfzehn	● das Auto
sechszehn	● der Roller
siebzehn	● der Bus
achtzehn	● das Flugzeug
neunzehn	● der Fußgänger
zwanzig	● der Hund

Kapitel 7 – Im Alltag

● die Uhr	am Morgen
● der Zeiger	am Vormittag
● die Stunde	am Mittag
● die Minute	am Nachmittag
Wie viel Uhr ist es?	am Abend
Es ist …	in der Nacht
… viertel vor …	aufwachen
… viertel nach...	aufstehen
… halb …	einpacken
einundzwanzig	frühstücken
zweiundzwanzig	zur Schule gehen
dreiundzwanzig	nach Hause gehen
vierundzwanzig	einkaufen